BECAUSE MOTS NOTES

**Neuf auteurs
à la rencontre d'un musicien**

© Le Castor Astral, 1998
et les auteurs

BECAUSE MOTS NOTES

Neuf auteurs
à la rencontre d'un musicien

TEXTES DE

ALINA REYES • BERNARD MANCIET • CLAUDE BOURGEYX • HERVÉ LE CORRE • JACQUES ABEILLE • JEAN-PAUL DUBOIS • JOËL COUTTAUSSE • KENNETH WHITE • WILLIE LOCO ALEXANDER

MUSIQUE DE

Garlo

Le Castor Astral

Alina REYES

Il n'y a plus que la Patagonie

REFUSE RESIST REFUSE CHAOS A.D. Ni la fureur de Sepultura, ni les mouches qui tournaient autour d'elle – n'arrivaient à réveiller Emji – une tombe. Si elle s'était pas retournée, sur le dos, jambes É-cartées ! (la chaleur), je la croyais Morte.

Le loquet de la porte : il bougeait. Et la petite voix de ma petite sœur, toute petite, lointaine – qui m'appelait. Suis allée ouvrir, ai bien regardé sur le palier – à gauche : personne – à droite : personne. Refermé, à clé – clic clac, deux tours de clé.

C'est là que j'ai tiré – le gros sac poubelle, hyperlourd, de sous le lit. SLASHHH, ouvert. Eh, oh ! Contemplé ! Les billets. LES BILLETS ! Défait une LIASSE !!! Oooh Délice, la Liasse ! Douce ! Liasse, entre mes doigts ! Comme tu sais y faire ! Pour m'Exciter, ah ! Oh oh les Billets, neufs ! et raides ! Oh les gros billets, le Gros Paquet de Gros Billets ! Tout enluminés, de bruit de métal claquant !

Entendez-les claquer mes gros billets ! Aux bords coupants comme des lames !

Défaire la liasse – la femme prête à se donner – qui s'effeuille – défait ses cheveux – les Libérer (les seins Jaillirent du corsage) ! Si lourds, si légers ! Si doux, si durs... Mes billets, Mon fric, Mon Argent à Moi ! À MOI ! Plein les poches, et je le Claquerai ! COMME JE VEUX. Entendez-les claquer, mes gros billets – oh la belle paire de grands ciseaux ! Oh oui les répandre ! En cisailler le corps affalé, inerte ! De cette Pute (ma chérie) !

Les ai posés sur son ventre, Dé-licatement – toi ici, toi là, toi dans le petit pli, mon joli – et toute debout – la main entre les jambes, oh ah oui, ai Pissé par terre.

Le loquet, de nouveau. Je me suis relevée de par terre, où je m'étais rendormie – et je suis allée éteindre le CD, parce que je n'aime pas, non, que ma petite sœur entende ce passage, avec des rires ! Si atroces ! Et tout d'un coup je me suis souvenue : il fallait, oui, que j'essuie le pipi. Mais tiens ! ni pipi ni billets ! J'ai dû rêver, oui, par terre – parce qu'Emji prenait toute la place dans le lit.

Je suis allée, je pouvais maintenant, ouvrir la porte – et Elle était là, toute droite sur le palier, un doigt dans la bouche, ses grands yeux noirs levés vers moi, TROP MIGNONNE. Je l'ai prise dans mes bras, légère et dodue, Aziza mon ange, oh elle riait, avec ses cheveux tout frisés, ses yeux brillants, mon cœur, ses petits bras serrés autour de mon cou, mon Aziza d'amour, comme on s'aime, hein ! Comme on rit, nous deux !

Pourquoi, elle dit l'Aziza, et ça alors, je savais pas qu'elle parlait si bien, pourquoi tu me les donnes pas ? Mais de quoi tu parles, mon bébé, allons, arrête de me griffer, tu me fais mal mon cœur, il faudra dire à maman de te couper les ongles, tu vois, ils sont tout rouges, arrête c'est mon sang, mon SANG mon bébé ! Je ne peux pas m'empêcher de hurler !!! – de hurler et de me réveiller.

Rien, rien. Personne, sauf Emji. Qui dort toujours. J'ai même pas dû crier en vrai, j'ai crié avec la voix du silence. Cauchemar. Assise par terre au milieu de la chambre, la main sur mon cœur, qui bat, si fort.

Willie Loco ALEXANDER

The Holy Babble from Fishtown

O.K. ! Garlo, you can chop up this anyway you want... see fit, O.K. ?
Here we are...
Everything on stage comes out of the Holy Babble as sure as the smoke out of the smoker in the bushes of Gordon Thomas'park.

I've spewed since 1962, St Botolph studios. We stole the piano back then, but I'm probably playing the same licks now only I can close my eyes.
I need the silence to hear the beats in the air.

5 . 11 . 95 After *Wheel of Fortune* I asked Vinny if he won a lot of money. He said yes and I said you're not going to spend it all in one place are you ?
And Vinny said YES ! and I said where you gonna spend it ? and he said « a pay toilet ».

4 . 8 . 95 I don't call anyone then feel deeply alone.

Dear Hollywood : We want three obligatory sex scenes in our real lives. We want the happy endings, the promise of love forever.

5 . 6 . 96 Science can now grow as human ear on a mouse's back.
It's the calm before the storm
It's the notes inside a horn ?
Was I ever ever born ?
Was I ever ever warned ?
Do the D.O. G.G. E.T.T
Do the D.O. G.G. E.T.T

Screw the townies.
Lets see the girls at Charlie's and the girls at Captain Carlo's.
Keep it real, do it by the cat box.
Crazy rhythms Ain't Miss B Honeysuckle rose.

Came to Fishtown to jam with the clams.
Next door, next stop, Next stop is cafe Sicilia for an expresso whilst the gang stands enthralled with soccer yelling and cursing like I haven't heard since I lived 5 blocks away. Oh yeah, joy to the world great sensual artefacts of endless time.

Pick up a Moxie at Virgilio's and talk to Jack Evans whose mystery train has stopped at 64 Main Street and is already full with amazing treasures and ain't even open yet.

And the Lilacs are out
And so is my
Fill in the blank.

Joël COUTTAUSSE

Grand Canyon

Entre les parois du grand canyon
de verre et de béton
coule le fleuve des destins,
le flot lourd des intestins,
des sexes moites et vacants,
roulant ses gouttes de vie
qui s'acheminent
vers l'océan
sans rives du néant,
charriant comme alluvions
quelques boueuses illusions.

Un limon de banalité
adhère au lit lisse
tiède et sec
d'asphalte et de ciment.

Et moi je suis la barque,
je suis le bateau ivre,
je suis la branche morte,
la paille ou la brindille,

le fétu, le brimborion
qui flotte à la surface,
occupe l'interface.
Je suis le saumon
remontant le courant,
l'oiseau pêcheur qui rit en coup de vent...

Ou suis-je le noyé

aux yeux morts
au sourire liquide,
aux yeux morts,
à la bouche fétide,
aux yeux morts,
au visage livide,
aux yeux morts,
absorbés par le vide,
parodiant lentement
les gestes nonchalants
d'une danse lascive,
flottant entre deux eaux,
pourrissant, pourrissant
au fil du flot fangeux
qui le viole et l'habite

Hervé LE CORRE

Le rêve de Jacob

Dans l'air vibrant de chaleur, à midi zénith absolu dans cette nouvelle zone intertropicale, nos silhouettes flottent, incertaines, abstraites. Nulle ombre.

Cailloux surchauffés, sable brûlant. À la place de ce désert s'élevait dans le temps une ville de trois millions d'habitants. Quelques vestiges se dressent encore çà et là. La façade de la gare. Le palais du gouverneur éventré, aux éboulis de pierres infestés de vipères.

Ils nous ont dit de nous lever et de rester debout pour l'inspection. Leurs voix nous sont parvenues par le truchement de haut-parleurs fixés sur des poteaux où il leur arrive de clouer les plus rebelles d'entre nous.

Nous ne les voyons pas. Nous distinguons parfois l'éclat mat de leurs armes braquées jour et nuit sur nous. Les clôtures sont si loin qu'aucun de nous ne saurait dire si elles sont hautes, barbelées ou électrifiées. Nous n'apercevons que les casemates de béton percées de meurtrières où sont tapis leurs mitrailleuses, leurs fusils à lunette.

Le soir venu, nous nous vautrons dans le sommeil, sous des tentes sommaires, après nous être battus pour les victuailles que leur hélico largue vers 18 heures, un peu avant le coucher du soleil. La nuit, point de lumière. Nous dormons sur des matelas répugnants, dans la literie déchirée de nos rêves. La nuit, parfois, éclatent des batailles. Âge de pierre. Armes de poing, on frappe au hasard une puanteur différente de la sienne qui déplace tout près son air vicié. On frappe du tranchant de la main et de l'arête d'un silex.

La nuit, on meurt.

L'aube nous force à enterrer les corps des vaincus, ou de ceux simplement morts d'épuisement. Le soleil sinon ferait gonfler leurs charognes en quelques heures.

Une autre journée commence.

Parfois, ils tirent. Rafale courte. Sifflement lourd des balles. Nous demeurons à plat ventre dans la poussière, environnés par les gerbes poussiéreuses des impacts.

Nous sommes là depuis si longtemps !

Nous vieillissons. Ils ont pris nos femmes. Nous ne savons plus pourquoi tout cela est arrivé.

Nous n'avons pas peur ou alors un peu, parfois, de la dureté du soleil, mais nous n'en disons rien. Nous ne parlons presque plus. Tout cela est si vieux. La parole s'est cimentée dans nos gorges à force de poussière rouge. Latérite parcourue de fissures.

Bientôt la nuit.

Pleine lune, fraîcheur puis froidure du désert.

Je me couvrirai si je peux du corps d'un mort nouveau.

Jacques ABEILLE

Après quoi,
j'assassinai quelques poètes,
pour me venger
de leur pauvreté.

Jean-Paul DUBOIS

La vie est un sport individuel

Souris

Le jour où ma femme m'a quitté, je n'ai rien dit, je n'ai rien fait. Je ne suis même pas sorti de mon appartement. Je suis resté chez moi, seul, et je n'ai rien modifié à mes habitudes. J'ai pris une douche et j'ai mangé en regardant la télévision. Puis j'ai fumé une cigarette, debout devant la fenêtre. Avant de me coucher, je suis allé chercher la souris blanche dans sa cage et je lui ai arraché la tête avec les dents.

Peur

Nous restons là, toi et moi, assis, en train de regarder des choses misérables à la télévision, sans nous adresser la parole, oubliant même la présence de l'autre. Je me dis que si une caméra filmait de face le vide de nos regards et l'ennui de nos visages, si nous étions ensuite confrontés à notre image sur l'écran, je crois que nous baisserions les yeux de honte et de peur. Oui, nous aurions peur de voir ce que nous sommes devenus.

Hoquet

Chaque fois qu'il est en proie à une émotion forte, mon copain a une crise de hoquet. Les spasmes sont tellement violents et rapprochés que, pendant près d'une heure, il est incapable d'articuler un mot. Hier, à l'usine, on lui a annoncé qu'il était licencié. Après l'entrevue, il est revenu à son poste et s'est assis, immobile, devant sa machine. Tous les gars de l'atelier se sont arrêtés de travailler et ont regardé ce corps parcouru de secousses régulières. Bientôt le hangar n'a plus résonné que des petits cris étouffés qui sortaient de sa gorge contractée. Je ne saurais dire exactement pourquoi, mais le bruit de ce hoquet, à la fois lancinant, anodin et tragique, nous a fait prendre conscience que les patrons, là-haut, avaient le pouvoir de nous étrangler comme des oiseaux.

Joël COUTTAUSSE

Le mur (extraits)

Les lames de scie à métaux « Made in China » ne valent rien. Sont fabriquées avec un acier au rabais j'imagine. J'en ai acheté tout un lot l'autre jour.

Un gros lot. C'était la semaine bricolage à l'hyper Leclerc. Ils les vendaient par vingt – vingt lames de scies bleues attachées ensemble avec deux bouts de scotch jaune – pour 13,95 F. À ce prix-là j'en ai acheté dix paquets parce que j'en consomme beaucoup. Des lames. Mais là je me suis fait avoir. Depuis ce matin c'est la cinquième que je casse et j'attaque seulement la deuxième jambe.

Me reste encore à découper les bras, le cou et puis les gros morceaux : le bassin, le buste. Heureusement j'ai un excellent couteau, un grand que je tiens de mon oncle du côté de ma mère qui était boucher ; enfin c'était mon oncle le boucher, pas ma mère. On n'en fait plus des couteaux comme ça.

Ça va bien pour tout ce qui est mou, la graisse, la chair, les viscères, même certains cartilages. Mais pour les os, là y a pas, faut scier. J'ai l'habitude mais ça fait du boulot. Pour le thorax par exemple je suis obligé de découper chaque côte, parce que, n'importe comment, il me faut arriver à des morceaux calibrés sur 28 cm de longueur maximum. Alors si en plus les lames cassent... Dans des moments comme ça, j'envie ces personnages de films qui disposent de tronçonneuses « comak », et vas-y que je te découpe un cadavre en moins de trois minutes. Évidemment c'est facile. Personnellement, je ne peux pas me permettre d'utiliser un tel engin, à cause des projections. Je suis locataire ici, et j'ai changé moi-même tous les papiers peints au printemps dernier. Alors les grandes giclées de sang sur les murs, merci bien ! Les tronçonneuses, c'est bon pour le cinéma, ça fait du spectacle. Mais moi, du spectacle, je m'en fous, ce n'est pas réaliste. Je suis réaliste. Très.

*

Il a bien fallu commencer la Grande Muraille de Chine, n'est-ce pas ?

Elle a bien eu un début, une première pierre. Et ensuite, pendant des dizaines et des dizaines et des dizaines d'années, il y a eu du travail pour des milliers de gens. Oh, bien sûr, ils ne devaient pas être payés bien cher, mais on dira ce qu'on veut, en ce temps-là les politiques savaient prendre des décisions.

Ils font quoi les politiques aujourd'hui ? Rien. Ça parle, ça parle, ça prend des mesures en essayant de ménager tout le monde et surtout les électeurs et, résultat, rien ne marche. Les chômeurs, ils étaient trois millions il y a dix ans. Maintenant, c'est cinq millions. Et c'est pas avec des promesses et des solutions timides que ça va s'arrêter. Parce que moi, le problème, je le connais, c'est mon métier. Faut être réaliste.

Aujourd'hui, du travail, il n'y en a plus assez pour tout le monde, à cause des machines, des ordinateurs, des robots.

On vit une nouvelle révolution industrielle si vous préférez – c'est mon avis – avec toutes les conséquences qui accompagnent ce genre de bouleversement. Moi je dis, c'est la marche du progrès et on n'a jamais rien pu contre la marche du progrès. Et dans un sens, c'est une bonne chose. Mais bon, toute médaille a son revers je crois. Et là le revers, c'est le chômage. Alors faut pas se voiler la face, il y a trop de gens qui ne travaillent pas et qui veulent vivre, manger, se loger.

Ça coûte cher.

Et puis eux, on le voit bien : ils sont happés-par-la-spirale-de-l'échec comme on dit hein... se sentent inutiles parce qu'inutilisables, ils perdent tout, leur dignité, leur envie de vivre, ils sont malheureux, oui, et moi ça me fait mal tous ces bobards qu'on leur raconte. Y aurait vraiment de quoi rigoler s'ils étaient pas tant dans la merde : et gnagnagna-la formation, et blablabla-bientôt la reprise économique, etc. Conneries.

Moi je suis réaliste. Je me fous du pouvoir et de la politique et de la droite et de la gauche, je me fous d'être élu et reconnu et de laisser mon nom gravé dans l'Histoire. Mais je sais ce qu'on peut faire. Des chômeurs y en a trop, ils souffrent et honnêtement, j'y ai beaucoup réfléchi, on peut rien pour eux.

Et excusez-moi, mais ce serait une belle lâcheté que d'attendre une guerre pour résoudre le problème à notre place. Non, faut être responsable et agir pour de bon. Même si c'est un sale boulot, quelqu'un doit le faire.

Quand il y a eu trop de lapins en Australie, il a bien fallu des gens pour tuer les lapins.

*

Ensuite il y a les briques. Je dois couler les briques. Enfin quand je dis brique, ce ne sont pas vraiment des briques, plutôt des parpaings de ciment pleins, 30 x 25 x 15 cm. Je les fais par six parce que j'ai six moules. Je prépare mon ciment, un ciment marine à prise rapide, puis je coule une première couche mince au fond du moule. J'attends qu'elle durcisse un peu et je dépose un morceau dessus. Un demi tibia, par exemple, ou un tronçon de foie, une section de crâne. Pour finir, je verse du ciment jusqu'à ras bord et c'est tout, il n'y a plus qu'à attendre. Quand mes six briques sont bien sèches, je démonte les moules, et les voilà prêtes à servir. Elles rejoindront les autres sur Le Mur. Avec chaque corps, je fais bien une quarantaine de briques. C'est long.

Mais j'ai tout mon temps et finalement le travail avance plus vite que je ne l'imaginais au départ. C'est vrai, on se fait toujours une montagne des choses avant de les entreprendre ; l'ampleur de la tâche nous effraie et bien souvent cette peur justifie le renoncement. Alors que, je l'ai bien souvent constaté, il suffit de s'y mettre, sans penser aux dimensions de cet océan de temps qui s'étend entre le début et la fin. S'y mettre c'est tout, sans anticiper, sans même envisager l'achèvement. S'attacher à la réalité présente, celle du geste, de l'acte élémentaire qui s'ajoute à un acte élémentaire et ainsi de suite comme s'accumulent une à une les secondes d'une vie.

Le Mur maintenant fait bien vingt mètres de long sur trois mètres de haut.

Ça fait beaucoup de briques n'est-ce pas ?

Claude BOURGEYX

La décade des quatre vérités

Premier jour. Pour elle :
Les héritières des bonnes maisons promènent leur glorieuse suffisance à l'intérieur d'un cercle réduit.
Elles s'y ratatinent et y meurent comme des ménagères, sans jamais avoir eu connaissance du vaste monde.

Deuxième jour. Pour lui :
Toi et tes paroles à la chlorophylle ! Tu devrais pourtant savoir que l'on gagne à se taire quand on a des arbres d'ornement dans la bouche.

Troisième jour. Pour elle :
On pourrait dire que tu te prends pour la huitième merveille du monde. Te connaissant bien, on pourrait même ajouter que tu es obligée de compter sur tes doigts pour en être sûre.

Quatrième jour. Encore pour elle :
Il faut te voir jouer les dames dans les allées de la prétention !
Ah ! ça oui, tu aimerais bien faire prendre tes pauvres lumières pour des soleils de Van Gogh.

Cinquième jour. Pour lui :
À l'avant-scène des vanités, devant un public soupçonneux tu joues un rôle trop grand pour toi. Mais c'est en vain que tu t'échines à faire briller de l'or dans les fronces de tes jours.
Il faudra la chute du rideau pour te sauver du ridicule.

Sixième jour. Encore pour lui :
Une soupe d'idées sans lendemain fermente sous ton crâne goudronné. Ton regard, où tombent des feuilles mortes, en dit long sur la vacuité de ta réflexion. On voit bien que tu penses mot à mot.

Septième jour. Pour elle :
L'intelligence mise à prix, tu te lances dans les enchères. Une somme dérisoire s'affiche au milieu de ton front. Alors, le maillet du commissaire-priseur s'abat sur ta tête molle. Adjugé !

Huitième jour. Pour lui :
Toujours à débiter des vérités premières, toujours à faire vivre le monde dans un ronflement de mots préparés, comme pour te consoler de n'avoir rien à dire.

Neuvième jour. Pour elle et lui :
Vous deux, je ne vous supporte plus, mais comment vous le faire comprendre ? Pour vous, les mots sont d'une encre qui ne se fixe pas en séchant.

Dixième jour. Pour moi :
On ne tue pas assez. La lâcheté dilue les lueurs sauvages de la haine et on finit toujours par renoncer à faire usage de son arme. Après quoi, on continue sa route en remorquant la traînée incertaine d'un rêve inaccompli.

Kenneth WHITE

Nuit sur le Labrador

Dans la nuit de Nachvak

Nuit sur le Labrador
myriades d'oiseaux dans le demi-jour
posés   apaisés
seuls quelques rares envols encore
là-bas   ce passage de mouettes sabines

serait-ce une mort ?
ou le prélude à une autre vie ?

la question   trop lourde
perturbe
ces ondes de silence
plutôt attendre
jouir   de ce demi-jour

des langues de mer
des langues de mer venues du nord

remontant les baies et les fjords
lapant le roc archéen
diront le poème   au-delà des questions

ils dorment
les canards   les oies   les pluviers
tous dorment
cette terre   un immense sanctuaire

relâche
sur le long chemin des migrations

relâche

dans cette nuit
entre l'Ancien Monde et le Nouveau
pénétrer   plus loin
dans un monde
ni nouveau ni ancien

un monde
ni ancien ni nouveau
suivre   jusqu'au bout
le chemin des oiseaux

l'aube point
dans le cri de l'oie sauvage.

Traduit de l'anglais
par Marie-Claude White

Le chamane parle

Je partage l'esprit de la terre et des eaux
avec le chasseur et le pêcheur

avec le chasseur
je partage le lièvre, le canard, le caribou

avec le pêcheur
je partage la morue, le phoque, la baleine

mais la nuit et les brumes
le ciel bleu, le silence de l'aube
toute la beauté des éléments

sont à moi seul.

Traduit de l'anglais
par Marie-Claude White

Lettre de l'Angekok

                      Trouvée là-haut, près d'Ungava

Je vous envoie une carte de la côte

peut-être entendrez-vous
le rugissement des rivières
et le mugissement du vent sur la neige

peut-être verrez-vous les phoques
les ours et les loups

les missionnaires me font rire
il est clair d'après leurs histoires
qu'ils ne comprennent rien à rien

quant à moi
je n'ai pas de nom de baptême
et mon âme est noire et poilue

je vous souffle l'air du Nord

et j'accompagne mes paroles
de huit notes de tambour

ayaya !

                                    Traduit de l'anglais
                                 par Marie-Claude White

Bernard MANCIET

Wharf

la marmauchumi tota alabaters
Tu suu demiei alas a alas
que s'i chapa lo ceu amassa

espatla de lop espatla de cicne
los alats de l'auba los tumars de lua
còs Tu per bohadas d'aluminiom

hasan que te pelejas dens lo hasan blanc
a salvas de herum e fards de torteus roses
mon Bassens tu susmaut d'ensurtas

com sau gròssa aus carbons t'esperracas
tas carpentas tas gruas que te crascan
descargaments d'esplams de cueishas

los muscles los diesels de 'queth flume a ligòts
de cropas e esquìas trucs e hortalessas
tons tracturs tons cardans a flòt comle

dens ton hidje-caochoc aqueth gart de hìdjer
a-d-aron liquides per glops
paraula honsa a flocat de gorja

a galòps qu'arrevira los bestiars de haut
de la nueit que los esnoncias que te nombras
que me dits

bram deu flumes ringlants
dont sons huecs te pehoran
que s'avucan a tas arribas las tuas dunas

ton estrem que s'eslindra got cueishut
i buver garrons e camajons de halar
las gaspas sanceras e lo most

troc de mar tròç de brau
tieni jo a la palma lo Tres-còrns tot Plassac
com un ventre d'aucheth

com un naviu estadit de froments
o de petròli d'eslampar sec
que tieni l'ambre e lo haramuish

quan mò a mòt que te despolhas
te desbatisas de peu e d'irangeas
e batiseira atau matin e sau

arrise 'imobil imobili bruheira
de moments puple au despareisher de velas
lo piech sobtan aqueth casau de grama

mon Peish cru diu a fanegas
si l'aliruda la lua s'esloisha s'eslunho
e lo flume trenir

Wharf

Mille bêtes toutes ailes battantes
Toi en leur milieu ailes sur ailes
L'encièlement s'y dévore

épaule de loup épaule de cygne
les coups d'aile de l'aube les heurts de la lune
ce corps par bourrasques d'aluminium

coq tu te bats dans le coq blanc
par salves de fauves et fards roses de tourteaux
mon débarcadère en émeute d'insultes

comme du gros sel sur la braise tu te déchires
tes charpentes et des grues te craquent
déchargement d'exclamantes cuisses

les muscles les diesels de ce fleuve par troupeaux
de croupes et de dorsaux sursauts et forces
tes tracteurs tes cardans à marée comble

dans ton foie élastique ces multiples foies
de tous côtés liquides et ces avalements
leur profonde parole : un bouquet dans la gorge

elle fait retourner au galop les bestiaux
d'en haut
de la nuit tu les énonces te dénombres
tu me prononces

beuglement du fleuve des fleuves les brillants
dont les feux te piétinent
ils s'appellent sur tes rivages tes dunes

ton flanc s'amincit en coupe de cuisse
y boire garrots et jarrets de souffle
et grappes entières et le moût

souche de mer pièce de taureau
je contiens dans la paume le Triple-corne tout
Plassac
comme un ventre tiède d'oiseau

comme un navire lourd de froment
ou de pétrole lampant sec
je contiens l'ambre et l'odeur fauve

lorsque mot à mot tu te dévêts
te débaptises de toisons et oranges
pour cet enfin baptême de matin et de sel

rire immobile immobile échauffourée
peuple d'instants aux voiles disparues
poitrine soudaine ce jardin d'écume

mon poisson cru dieu à foison
si la lune s'efface s'éloigne d'un grand coup d'aile
du fleuve retenti.

Kenneth WHITE

Night on the Labrador

In the Nashvak Night

Here on the Labrador
in the twilight watching countless birds
settled and asleep
only a few still on the wing
that passing flight of Sabine gulls

is this a death ?
or the prelude to another life ?

the question is all too heavy
breenges
into the rippling silence
better simply to wait
taking pleasure in the twilight

tongues of water
tongues of water from the sea of ice

running up the bays and fjords
lapping against the archaean rocks
will say the poem beyond the questioning

the birds are asleep
geese, duck, brant, teal, plover
all are asleep
as though this land were one great sanctuary

a place to rest
on the long trail of the migrations

a place to rest

here in the stillness
half way between the Old World and the New
moving in deeper
ever deeper
into a world
that is neither old nor new
a world
neither new nor old
on the bird path
feeling it out

dawn comes
with the cry of the wild goose.

Shaman Talk

I share the spirit of earth and water
with the hunter and the fisherman

with the hunter
I share duck, hare and deer

with the fisherman
I share cod, seal and whale

but night and mist
the blue sky, the dawn stillness
all the beauty of the elements

these I share with no one.

Angekok's Letter

                              Found up by Ungava

I'm sending you a map of the coast

maybe you'll hear
the rushing of the rivers
and the moaning of the wind over the snow

maybe you'll see the seals
the bears and the wolves

the missionaries make me laugh
it's all too clear from their stories
they don't understand a thing

as for me
I've got no holy name
and my soul is hairy as hell

here's some Northern air for you

and along with my words
I send you eight drum-notes

ayaya !

BIO-BIBLIOGRAPHIES

Alina REYES

L'autre soir sur la place du village j'ai vu une petite fille
seule dans la cage aux fauves
Habillée de paillettes elle faisait rouler
tout le long de son corps très menu
agité en cadence, comme un I pris de spasmes
sur ses pieds ancrés au tabouret du lion
de larges cerceaux de hula-hop.
J'ai vu l'effroi rigide et terrifiant sur son petit visage
tandis qu'ondulant ses hanches maigres
elle regardait sans peut-être la voir
la foule amassée derrière les grilles

J'ai vu le cri
retourné dans mon ventre
involuté
J'ai vu mon corps comme une spirale
cherchant toujours à s'échapper
d'elle-même
à dérouler le nœud en cri
ondes pulsations battements
vers tout ce qui est sensible
ou insensible
à toucher l'intouchable
dépasser l'inaccessible
Je me suis condamnée à balancer les mots
en cercle autour de moi que je balance
à la foule que je suis
amassée à mes grilles

Née près de Bordeaux en 1956, je vis à Paris, et en altitude dans les Pyrénées... et ailleurs quand ça me chantera...

ROMANS : *Le Boucher*, Seuil, 1988 • *Lucie au long-cours*, Seuil, 1990 • *Au corset qui tue*, Gallimard, 1993 • *Quand tu aimes il faut partir*, Gallimard, 1993 • *Derrière la porte*, Laffont, 1994 • *La Nuit*, Joëlle Losfeld, 1994 • *Le chien qui voulait me manger*, Gallimard, 1996 • *Il n'y a plus que la Patagonie*, Julliard, 1997 • *Poupée anale nationale*, Zulma, 1998.

Willie Loco ALEXANDER

Willie Alexander, « parrain » de la scène rock de Boston, fait partie du paysage artistique de la Nouvelle-Angleterre depuis 1961. Il a honoré (ou dilapidé, question de point de vue) bon nombre de contrats d'enregistrement (avec notamment MCA aux États-Unis et New Rose en France), tourné avec le Velvet Underground d'après Lou Reed, réuni autour de lui un chapelet de groupes (The Lost, The Rhythm Assholes, Radio Hearts, The Boom Boom Band, The Confessions...), s'est produit en solo, en duo avec le guitariste français Gérard Hello, pour aboutir depuis 1991 au Persistence Of Memory Orchestra composé de lui-même au piano et au chant, Jim Doherty à la batterie et Ken Field et Mark Chenevert aux saxophones. Son univers englobe le beatjazz des années 50, le punk des années 70, le garage rock des années 80, le rapspoken word thing des années 90. La définition qu'il donne de Persistence Of Memory, « garage jazz », oublie de prendre en compte le fait qu'il est un auteur clairvoyant et inspiré, capable d'ouvrir son journal intime avec une totale impudeur, de créer des personnages inoubliables, de faire une chronique sociale acide et désabusée à partir de petits riens de la vie de tous les jours. Une écriture qui n'est pas sans rappeler Tom Waits, tout cela sur une musique qui évoque un Monk touché par la grâce du punk, une exceptionnelle

combinaison de maturité lucide et de fougue adolescente.
Willie a quitté depuis peu Boston pour retourner vivre dans la ville de son enfance (Gloucester, Massachusetts) où il cultive ses souvenirs et sa vénération pour Kerouac, tout en poursuivant son œuvre en compagnie de Persistence Of Memory. Il apparaît dans des récitals poétiques aux côtés de Patti Smith, hante les clubs de Boston seul ou avec ses musiciens.
Sa collaboration au disque de Garlo marque une fois de plus son intérêt pour la France où il vient souvent aussi bien en tournée qu'à titre privé.

Joël COUTTAUSSE

Je suis né à Bordeaux en 1953. J'y vis entouré (heureusement) d'Annick, Natchez et Sandy. Que dire d'autre à part cela : « Écrire parce que sinon... »

CHANSONS (1980 à 1996) - Écriture de nombreuses chansons pour les groupes auxquels j'ai appartenu (Freddy Rondelle, J&G) et pour Garlo, compositeur à Bordeaux • Un disque autoproduit (Freddy Rondelle) • Deux disques chez Phonogram (J&G) • Un CD avec Garlo (comme auteur).
NOUVELLES (1980 à 1998) - Écriture de diverses nouvelles : *Anthologie Superfuturs*, « Présence du futur », Denoël • *Nouvelles noires*, Corps 9 • *Destination crépuscule 3*, Destination Crépuscule.
SCÉNARIOS (1983 à 1998) - Idée originale et scénario pour divers courts-métrages : *Visage* (animation et réalisation B. Arène, 1983), Salamandre d'or au Festival de Sarlat 84 • *Car Crash*, (réalisation B. Arène, 1988), 2e prix au Festival de Poitiers, sélection au Festival d'Avoriaz • Écriture et coécriture de divers scénarios pour la série *les Animaux des Quat' Saisons* (Production Marlou Film).
POÈMES (depuis 1976) : *Mon esprit saoul* • *La Peau de mes songes*. (Jamais publiés à ce jour.)

Hervé LE CORRE

Né à Bordeaux en 1955. Actuellement enseignant dans un collège du Médoc. Rédacteur à la revue *Le Passant ordinaire*.

ROMANS - « Série Noire », Gallimard : *La Douleur des morts*, 1990 • *Du sable dans la bouche*, 1993 • *Les Effarés*, 1996.

Jacques ABEILLE

Né en 1942 à Lyon. Vit et sévit à Bordeaux.

ROMANS - *Les Jardins statuaires*, Flammarion, 1981 • *Le Veilleur du jour*, Flammarion, 1986 • *L'Homme nu*, Deleatur, 1986 • *Les Lupercales forestières*, Le Lézard, 1988 • *La Clef des ombres*, Zulma, 1991 • *En mémoire morte*, Zulma, 1992.
PROSES PLUS OU MOINS BRISÉES - *Un carnet d'excursion* (dessins d'A.-M. Guillon), chez les auteurs, 1979 • *Sous réserve d'inventaire* (illustré par l'auteur), Inactualité de l'orage, 1979 • *Le Plus Commun des mortels* (illustré par l'auteur), Cahier des brisants, 1980 • *Fable*, Deleatur, Angers, 1983 • *Les Branches dans les chambres* (illustrations J. Coréa), Phalène, 1984 • *Mary-Morgane, flibustière aux seins libres* (illustré par l'auteur), L'R2 jeu, 1984 • *Famille-famine* (illustré par l'auteur), éditions du Fourneau, 1985 • *Journal d'une nuit* (collages de J.-G. Badaire), Les Cahiers du Tournefeuille, 1988 • *Le Plus Commun des mortels II*, éditions de Garenne, 1988 • *Blason*, éditions Myrrdin, 1993 • *L'Ennui, l'après-midi*, éditions du Fourneau, 1994 • *Claire et autres prologues*, La Maison de verre, 1995 • *Les Carnets du peintre aveugle*, La Pomme de discorde, 1996 • *La Guerre entre les arbres* (interventions graphiques de J.-G. Badaire), Cadex, 1997 • *Divinité du rêve* (accompagnement graphique de Élise Florenty), L'Escampette, 1997.

Jean-Paul DUBOIS

Né à Toulouse en 1950. Diplômé de Sociologie à l'université de Toulouse-Mirail. Journaliste à *Sud-Ouest* en 1974. Grand reporter au *Matin de Paris* de 1976 à 1984. Grand reporter au *Nouvel Observateur* de 1984 à ce jour.

ROMANS - *Compte rendu analytique d'un sentiment désordonné*, Fleuve Noir, 1984 • *Tous les matins je me lève*, Laffont, 1988 • *Maria est morte*, Laffont, 1989 • *Les Poissons me regardent*, Laffont, 1990 • *Une année sous silence*, Laffont, 1992 • *Prends soin de moi*, Laffont, 1993 • *La vie me fait peur*, Seuil, 1994 • *Kennedy et moi*, Seuil, 1995 • *Je pense à autre chose*, L'Olivier, 1997.
ESSAIS - *Éloge du gaucher*, Laffont, 1987 • *L'Amérique m'inquiète*, L'Olivier, 1996.
NOUVELLES - *Vous aurez de mes nouvelles*, Laffont, 1991 • *Parfois je ris tout seul*, Laffont, 1992.

Claude BOURGEYX

ROMANS - *Coups de foudre*, Belfond, 1985 • *Les Égarements de Monsieur René*, Arléa, 1987 • *L'Amour imparfait*, Arléa, 1988 • *Le Chef-d'œuvre*, Arléa, 1993 • *Preuves à l'appui*, Le Seuil, 1996.
NOUVELLES - *Les Petits Outrages*, Le Castor Astral, 1984 • *Le Fil à retordre*, Nathan, 1991, Grand Prix Jeunesse de la Société des Gens de Lettres • *Petites Fêlures*, Script/Éditions, 1996 • *Dernières Fêlures*, Script/Éditions, 1997 • *Grosses têtes et petits pieds*, Nathan, 1998.
THÉÂTRE - *Personnages avec passé*, L'Esprit du Temps, 1992 • *Le Grand Cataclysme*, L'Esprit du Temps, 1993 • *Écrits d'amour*, Script/Éditions, 1995.

Kenneth WHITE

Né en 1936 à Glasgow (Écosse). Vit et travaille en France (Paris, Ardèche, Pyrénées-Atlantiques, Bretagne) depuis 1967.

Poésie - *Scènes d'un monde flottant*, Grasset, 1983 • *Terre de diamant*, Grasset, 1983 • *Mahamudra*, Mercure de France, 1979 • *Le Grand Rivage*, Le Nouveau Commerce, 1980 • *L'Anorak du goéland*, L'Instant perpétuel, 1986 • *Atlantica*, Grasset, 1986 • *Les Rives du silence*, Mercure de France, 1997.

Récits, Itinéraires - *Lettres de Gourgoume*, Grasset, « Les Cahiers Rouges », 1986 • *Dérives*, Laffont, coll. « Lettres Nouvelles », 1978 • *L'Écosse avec Kenneth White*, Nathan, 1988 • *Le Visage du vent d'Est*, Presses d'aujourd'hui, 1980 • *La Route bleue*, Grasset, 1983 • *Les Cygnes sauvages*, Grasset, 1990.

Essais, Recherches, Entretiens - *Approches du monde blanc*, Le Nouveau Commerce, 1976 • *La Figure du dehors*, Grasset, 1982 • *Une apocalypse tranquille*, Grasset, 1985 • *Le Poète cosmographe*, Presses universitaires de Bordeaux, 1987 • *Le Monde d'Antonin Artaud*, éditions Complexe, 1989 • *Hokusaï, ou l'Horizon sensible*, Le Terrain Vague, 1990 • *Le Plateau de l'Albatros*, Grasset, 1994 • *Déambulations dans l'espace nomade*, Actes Sud, 1996 • *Le Lieu et la Parole*, Éditions du Scorff, 1997 • *Les Finisterres de l'esprit*, éditions du Scorff, 1998.

Bernard MANCIET

Bernard Manciet est né à Sabres (Landes) le 27 septembre 1923. Il vit et écrit à Trensacq.
La Pluja e lo camin de terra, Per Noste, 1976 • *Le Triangle des Landes*, Arthaud, 1981 • *Casau perdut*, Princi Negre, 1986 • *Le Golfe de Gascogne*, Arthaud, 1987 • *Landes en*

feu, Sud-Ouest, 1989 • *Palombes*, Sud-Ouest, 1991 • *Elena / Hélène*, Fédérop / Jorn, 1992 • *Cantas deu Rei*, La Barbacane, 1993 • *La Façade des quais*, Confluences, 1994 • *Les Draps de l'été*, Abacus éditions, 1994 • *Strophes pour Feurer*, L'Escampette, 1995 • *Lo Gojat de noveme. Le Jeune Homme de novembre*, Escòla Gaston Febus, 1995 • *Véniels. Escasenças*, L'Escampette, 1996 • *Per el Yiyo*, L'Escampette, 1996 • *L'enterrament a Sabres*, Mollat, 1996 • *Sonets, Sonnets*, Jorn, 1996 • *Roncesvals / Roncevaux*, Covedi, 1997 • *Impromptus*, L'Escampette, 1998.

GARLO

Né le 21 décembre 1957 dans la province Huron de Lorretteville.
Nationalités : française & canadienne.
Bassiste de formation, il se consacre essentiellement aujourd'hui à la composition et à la production.
Ses recherches musicales et sonores actuelles ont déjà donné lieu à trois CD disponibles au catalogue Cip / Audio, Distribution Orkhestra International.

C.D.
• *Tribal Scandal*. Tribal Scandal is No Word Music.
« Le genre de musique qui vous colle au tympan et qui vous fait tourner comme un derviche abreuvé d'Izarra. » *(La Dépêche du Midi)*
• *Vent de guitares*. Création géo-acoustique
« Œuvre majeure du mouvement ambiant. » *(Octopus)*
• *Yak Yak*. Des Chants, des Sons, des Chants-Sons.
« Frappes percusives et distorsions. » *(Octopus)*
Recherches sonores & musicales hors studio
• *Vent de guitares*. Création géo-acoustique 1994/95.
« 54 guitares dressées au sommet de la plus haute dune d'Europe, l'ample chant de centaines de cordes vibrant sous la

seule caresse du vent, c'est *Vent de Guitares*, création géo-acoustique, œuvre de *land art* où l'acte éphémère et l'aléa climatique génèrent une intemporelle musique. »

Vent de Guitares est une expérience artistique en perpétuel développement qui a déjà généré plusieurs traces sous forme d'un CD, d'un documentaire 12', d'une cassette vidéo 45' et d'une exposition / installation plastique.

- *Nada !* Création plastique-acoustique avec Patrick Marty, 1996.

Travaille actuellement sur les projets *Strings and Wind*, en Arizona, et *Kaze*, à Fukuoka au Japon, 1999.

Parallèlement, exerce une activité professionnelle de producteur-son dans les domaines de l'audiovisuel et de la communication.

CRÉDITS

1 – IL N'Y A PLUS QUE LA PATAGONIE (6' 35")
ALINA REYES / GARLO
Voix : Alina Reyes – Percus, Basse et Fuzz Noise : Garlo – Percus West Guitares : Gérard Hello & Jéjo – Violon : Bubu « François Boirie ».

2 – THE HOLLY BABBLE FROM FISHTOWN (5' 02")
WILLIE LOCO ALEXANDER / GARLO
Voice : Willie Loco Alexander – Bass & Percussions : Garlo – Guitars : Gérard Hello & Jéjo.

3 – GRAND CANYON (3' 10")
JOËL COUTTAUSSE / GARLO
Voix : Joël Couttausse – Basse : Garlo – Didjeridus, conque & shinaï : Michel Roux – Batterie : Momo Maurice Fari – Violon fin : Bubu.

4/5 – LE RÊVE DE JACOB (5' 43")
HERVÉ LE CORRE / GARLO
Voix : Hervé Le Corre – Basse /Guitare : E Bow – Percus : Garlo – Guitare : Gérard Hello – Violon : Bubu – Caisse claire : Momo.

6 – APRÈS QUOI (3' 08")
JACQUES ABEILLE / GARLO
Voix : Jacques Abeille – Basse : Garlo – Guitares : Jéjo – Tambourin : Pierre Thibault – Violon : Bubu – Batterie : Momo.

7 – LA VIE EST UN SPORT INDIVIDUEL (4' 45")
JEAN PAUL DUBOIS / GARLO
Voix : Guy Labadens – Basse, percus, guitare / E Bow : Garlo – Violon : Bubu – Percus : West – Didjeridu & conque : Michel Roux.

8/9/10 – LE MUR (8' 12")
JOËL COUTTAUSSE / GARLO
Voix : Joël Couttausse – Basses : Garlo – Batterie : Momo.

11/12 – LA DÉCADE DES QUATRE VÉRITÉS (5' 45")
CLAUDE BOURGEYX / GARLO
Voix : Claude Bourgeyx – Basse, percus, guitare : Garlo – Batterie : Momo – Guitares : Gérard Hello – Percus : West – Violon : Bubu.

13/14 – NUIT SUR LE LABRADOR (6' 00")
KENNETH WHITE / GARLO
Voix : Kenneth White – Nappes « V de G », percus, basse : Garlo – Percus : West.

15/16 – WHARF (6' 02")
BERNARD MANCIET / GARLO
Voix : Bernard Manciet – Basse, percus : Garlo – Guitares : Jéjo – Violon : Bubu – Caisse claire : Momo – Percus : West.

17/18 – NIGHT IN THE LABRADOR (6' 00")
KENNETH WHITE / GARLO
Voice : Kenneth White – Nappes « V de G », percus, basse : Garlo
Percussions : West.

PRODUCTION :
CIP/AUDIO : 61, rue Servandoni - 33000 Bordeaux - France
Tél. (33) 05 56 98 98 58 - Fax (33) 05 56 98 98 70.
http://www.cipaudio.com

COPRODUCTION : La Boulangerie, avec la participation du Conseil Régional d'Aquitaine.

DISTRIBUTION DISQUAIRES : Orkhestra International
25, impasse Barracan - 13890 Mouriès / France
Tél. (33) 04 90 47 61 76 - Fax (33) 04 90 47 62 84

ÉDITION LIVRE :
Le Castor Astral - BP 11 - 33038 Bordeaux Cedex / France

DISTRIBUTION LIBRAIRIES : Presses Universitaires de France

Tous morceaux composés, arrangés et produits par Garlo.
ENREGISTREMENT & MIX : Studio La Boulangerie. Pascal Monjanel & Garlo
GRAVURE : Studio Dyam
PRESSAGE : DADC
ORGANISATION : Isabelle Kraiser
CONCEPTION POCHETTE : Jöel Couttausse / Jean Imhof
RÉALISATION POCHETTE : Jean Imhof

TABLE

Alina Reyes .... *Il n'y a plus que la Patagonie*	5
Willie Loco Alexander .... *The Holy Babble from Fishtown*	9
Joël Couttausse .... *Grand Canyon*	13
Hervé Le Corre... *Le rêve de Jacob*	15
Jacques Abeille .... *Après quoi...*	19
Jean-Paul Dubois .... *La vie est un sport individuel*	21
Joël Couttausse.. *Le mur*	25
Claude Bourgeyx .... *La décade des quatre vérités*	31
Kenneth White .... *Nuit sur le Labrador*	35
Bernard Manciet.. *Wharf*	39
Kenneth White .... *Night on the Labrador*	43
Bio-bibliographies	47

MERCI À : L'OFFICE ARTISTIQUE DE LA RÉGION AQUITAINE ET AU CENTRE RÉGIONAL DES LETTRES D'AQUITAINE.

ETÀ:ALINABERNARDCLAUDEHERVÉJACQUESJEANPAUL
JOËLKENNETHWILLIEBUBUGERARDGUYJEANMICHEL
JÉJOMOMOPASCALPIERREWEST+ADATBARBEYBENOIT
CALMON'SDFORE.BFÉLIXFUZZHANSHARENGROUGE
HERVÉISAIMHOFINDIANDOGJEANJEANMARIEJOLAURENT
LISALOANMICHELOUIOUIPASSPOILPIERRESALMOMTOUS
LESAUTEURSQUIMONTENVOYÉDESTEXTESSURLESQUELS
L'INSPIRATIONN'ESTMALHEUREUSEMENTPASVENUZET
TEETLESAUTRES.

Cet ouvrage
a été reproduit et achevé d'imprimer
par l'Imprimerie Floch à Mayenne
le 24 août 1998
Photocomposition
Ateliers Graphiques de l'Ardoisière
à Bègles

ISBN 2-85920-356-7
N° d'impr. : 44282. Dépôt légal : septembre 1998
Imprimé en France